Apuntes de Gestión Comercial

Prólogo:

Estos apuntes constan de gestión comercial y marketing básicos. Comienza con unos puntos básicos del marketing hasta llegar a la elaboración paso a paso de un plan de marketing de un producto o servicio. Además de cómo gestionar la distribución, el precio y las promociones.

Los apuntes de gestión comercial es una recopilación de los datos aportados durante las clases lectivas del ciclo superior de administración y finanzas que se oferta en el IES Misericordia de Valencia en el año 2012.

Este material es útil para el seguimiento del curso de gestión comercial y marketing a nivel de técnico superior. Además de la realización de un plan de marketing para un producto o servicio.

Todos los gráficos e imágenes que se presentan en los apuntes es realización propia mediante ejemplos y datos inventados aportados durante el curso realizado.

Índice:

1º INTRODUCCIÓN AL MARKETING: 11

EL ANÁLISIS DE LA SITUACIÓN: 11
    EL MERCADO: 12
EL ANÁLISIS DE LA COMPETENCIA: 12
EL ANÁLISIS DE LA DISTRIBUCIÓN: 12
EL MARKETING DIRECTO: 12

2º EL PLAN DE MARKETING: 15

LA PLANIFICACIÓN DE LA EMPRESA: 15
EL PLAN DE MARKETING: 15
ANÁLISIS DE LA SITUACIÓN DE LA PARTIDA: 16
POLÍTICAS Y OBJETIVOS: 17
LA ESTRATEGIA: 18
EL PROGRAMA DE ACCIÓN Y EL PRESUPUESTO: 18

3º LA INVESTIGACIÓN COMERCIAL: 21

CONCEPTOS BÁSICOS: 21
LAS TÉCNICAS PARA LA OBTENCIÓN DE LA INFORMACIÓN: 22
    TÉCNICAS CUALITATIVAS: 22
    TÉCNICAS CUANTITATIVAS: 23
EL CUESTIONARIO: 23
EL MUESTREO: 25

4º EL PRODUCTO: 27

LAS DECISIONES DEL MARKETING: 27
EL PRODUCTO Y SUS ATRIBUTOS: 27
LA LÍNEA Y LA GAMA DE PRODUCTOS: 28
LA CLASIFICACIÓN DE LOS PRODUCTOS: 28
LA MARCA DEL PRODUCTO: 29
EL ENVASE Y LA ETIQUETA: 29

EL CICLO DE VIDA DE UN PRODUCTO:	30
EL ANÁLISIS DE LA GAMA DE PRODUCTOS:	31

5º EL PRECIO: 33

CONCEPTOS BÁSICOS:	33
LOS COSTES:	34
MÉTODO DE COSTE DIRECTO:	35
MÉTODO DE COSTE COMPLETO:	35
LA FIJACIÓN DE PRECIOS BASADOS EN COSTES:	35
CÁLCULO SEGÚN COSTES ESTÁNDAR:	35
CÁLCULO SEGÚN COSTES MÁS BENEFICIOS:	35
CÁLCULO SEGÚN LOS COSTES DE MARGINALES:	35
LA FIJACIÓN DE PRECIOS BASADOS EN LA DEMANDA:	36
LA FIJACIÓN DE PRECIOS BASADOS EN LA COMPETENCIA:	36
LA ESTRATEGIA DE LOS PRECIOS:	36

6º LA DISTRIBUCIÓN: 37

LAS FUNCIONES DE LA DISTRIBUCIÓN:	37
LOS CANALES DE LA DISTRIBUCIÓN:	37
LOS INTERMEDIARIOS:	38
LOS MAYORISTAS:	38
LOS MINORISTAS:	38
LA SELECCIÓN DEL CANAL DE DISTRIBUCIÓN:	39

7º LA COMUNICACIÓN: 41

LOS ELEMENTOS DE LA COMUNICACIÓN:	41
HABILIDADES SOCIALES Y PROTOCOLO COMERCIAL:	42
LA COMUNICACIÓN VERBAL:	42
LA COMUNICACIÓN NO VERBAL:	42
LA PLANIFICACIÓN Y REALIZACIÓN DE UNA CAMPAÑA:	43
LA FIJACIÓN DE OBJETIVOS:	43
LA REALIZACIÓN DEL BRIEFING:	44
LAS AGENCIAS DE PUBLICIDAD:	44
LOS MEDIOS:	45
LA TELEVISIÓN:	45

PRENSA DIARIA:	45
LAS REVISTAS:	46
EL CINE:	46
LA PUBLICIDAD EXTERIOR:	46
SISTEMAS DE CONTROL:	**46**
IMAGEN, RELACIONES PÚBLICAS Y CAMPAÑA DE COMUNICACIÓN:	**47**
EL PATROCINIO:	**48**
LA PROMOCIÓN:	**48**

8º LA VENTA Y LA ATENCIÓN AL CLIENTE: 51

EL VENDEDOR:	**51**
EL TRATO CON EL CLIENTE:	**52**
EL PROCESO DE VENTA:	**53**
FASE 1º, PREVENTA:	53
FASE 2º, TRANSACCIONES:	54
FASE 3º, POSVENTA:	54
LA POLÍTICA DE SERVICIO:	**54**
EL PROGRAMA DE SERVICIOS:	**55**
LA EVALUACIÓN DE LA SATISFACCIÓN DE LOS CLIENTES:	55
LA GESTIÓN DE LAS PERCEPCIONES DE LOS CLIENTES:	55
DEFINICIÓN DE LAS NORMAS Y ESTÁNDARES DE LA CALIDAD:	57
CONOCIMIENTOS DE LA COMPETENCIA:	57
CONTROL DE LOS PROVEEDORES:	57

1º Introducción al Marketing:

El marketing es el conjunto de actividades técnicas y de dirección que orientan a la empresa hacia el mercado, como única forma de conseguir a largo plazo los fines de la empresa y la satisfacción de los deseos de sus clientes.

Su principal objetivo es conocer y analizar la situación del mercado, la competencia y la propia organización.

Existen dos planificaciones para alcanzar los objetivos:

- *La planificación estratégica:* planifica las acciones actuales para determinar el futuro, siendo un proceso de toma de decisiones en el presente contemplando los cambios del entorno.
- *La planificación comercial:* es la parte de la planificación estratégica que se encarga de la ejecución del plan, el control y la supervisión de los objetivos previstos.

La finalidad de estas planificaciones es alcanzar los objetivos previstos de la empresa a largo plazo.

El análisis de la situación:

Para empezar el análisis de la situación debemos conocer el producto o servicio que se presta, definiéndola finalidad del negocio, la cartera de productos y su mercado.

El negocio:

Debemos conocer las necesidades de los clientes y las características del producto.

La cartera de productos:

Debemos evaluar el potencial competitivo, la participación en el mercado o la rentabilidad de cada uno de los productos.

El mercado:

El éxito de la organización depende de su capacidad de adaptación a los aspectos del mercado, estos son:

- El tamaño, el potencial y el segmento que lo compone.
- La estructura el consumo y capacidad de compra.
- La evolución de la demanda y los factores que influyen en él.
- Los conocimientos del público objetivo.
- El comportamiento de los compradores, consumidores y de los usuarios.

El análisis de la competencia:

Para poder analizar la competencia debemos determinar diversos aspectos.

- Identificar los competidores actuales y potenciales.
- Conocer los objetivos de los competidores (sus estrategias), como actúan, sus decisiones sobre nosotros y sus objetivos de futuro.
- Conocer los puntos fuertes y débiles de los competidores.

El análisis de la distribución:

Se debe conocer la normativa que nos puedan afectar. Conocer y evaluar los distintos canales de distribución. Analizar el macro-entorno.

El marketing directo:

Es el conjunto de técnicas que facilitan el contacto inmediato y directo con el posible comprador, a fin de promover un producto o servicio.

Las características y ventajas del marketing directo son:

- Se pueden medir los resultados y su eficacia.
- Facilita la toma de contacto de forma directa e inmediata con el público deseado.
- Ayuda a crear bases de datos.
- Se llega a modificar el papel y las características de la distribución.
- Se consigue mayor fidelización del cliente.
- Es más interactivo, comunicando el mensaje de forma directa a su público y recibiendo una respuesta de él.
- Posibilita la evaluación de las estrategias comerciales.

Las desventajas del marketing directo:

- Base de datos poco fiables y poco actualizadas.
- Falta de seriedad profesional.
- La proliferación de envíos hace ineficaz la oferta comercial.
- La falta de seguridad en la captación de datos.

Los objetivos del marketing directo:

1. Medio para mejorar las relaciones con nuestros clientes:
   a. Informa de todas la novedades técnicas.
   b. Mantiene una buena comunicación directa con los clientes.
   c. Reduce costes eliminando ciertas gestiones comerciales.
   d. Prepara la gestión comercial para la fuerza de venta.
2. Da la posibilidad de realizar encuestas y estudios de mercado.
3. Se usa como canal de distribución:
   a. Gracias a la venta por catálogo.
   b. Gracias a las e-comerce.
4. Se usa como medio de información, captación e incentivación a consumir:
   a. Llega a zonas geográficas difíciles de acceder de otra forma.
   b. Puede realizar ofertas promocionales directas y personalizadas a determinados clientes.

c. Se consigue reforzar la imagen de la marca y del producto.

2º El plan de marketing:

La planificación de la empresa:

La planificación consiste en hacer planes, fijar los fines y finalmente trazar los pasos para alcanzar los fines. Para ello se ha de tomar decisiones y evitar improvisar.

- Los pasos que se deben seguir son:
- Conocer el entorno y situación de inicio.
- Hipótesis de variables del entorno.
- Marcar los fines (a donde se quiere llegar).
- Generar caminos alternativos a la meta.
- Crear estrategias adecuadas.
- Obtener medios de control.

La planificación corporativa de una empresa se inicia definiendo la misión de la misma, aportando sus valores, su cultura, etc.

El plan de marketing:

La planificación es estratégica, siendo un análisis de las necesidades del mercado y operativa, aplicando el marketing Mix. Todo ello se especifica en el plan de marketing.

El marketing Mix trata de alcanzar los objetivos del plan estratégico, fijando responsabilidades, recursos y control.

El diseño del plan de marketing recoge la parte técnica y el desarrollo del creador:

- Define el producto y sus atributos.
- Aporta las conclusiones.
- Introducción.
- Análisis de la situación de partida (DAFO).
- Concreta los fines.
- Plantea las estrategias a seguir.
- Plantea las tácticas, el programa de acción.

- Calcula los presupuestos.
- Diseña el sistema de control.

Análisis de la situación de la partida:

Todo parte desde el análisis interno y externo.

- *Análisis interno:*
    - Recoge los datos y diversos aspectos.
    - Se obtiene las debilidades y fortalezas.
    - Se compara el presente y el pasado.
    - Se desarrolla un análisis realista y objetivo.
- *Análisis externo:* Es el conjunto de variables externas a la empresa que pueden incidir directa e indirectamente en su trayectoria futura, siendo estas incontrolables. Estas pueden ser:
    - *Económicas:* la inflación, el empleo, el PIB.
    - *Políticas y legales:* la política monetaria, la legislación.
    - *Demográficas:* la tasa de natalidad y mortalidad.
    - *Tecnologías.*
    - *Sociales.*

Existen dos tipos de entornos:

- *Macroambiente:* es el entorno general que rodea la empresa.
- *Microambiente:* son los agentes que intervienen en el proceso de producción.

El estudio de mercado contempla la fase de la vida, el segmento y el producto, el cual necesitamos:

- El volumen de ventas en unidades físicas.
- La facturación en unidades monetarias.
- Los ingresos.

La competencia del sector es aquella que comercializa lo mismo o que sus productos o servicios pueden sustituir al nuestro. Por ello debemos conocer:

- Como está estructurado.
- Cuál será su evolución
- Cuáles serán las dificultades del acceso al mismo.

El análisis DAFO es el estudio de las debilidades y fortalezas (*elementos internos*) y el de las amenazas y oportunidades (*elementos externos*).

Políticas y objetivos:

Los fines son la razón de ser de la empresa (la misión). Para alcanzarlos se establecen las políticas y los objetivos.

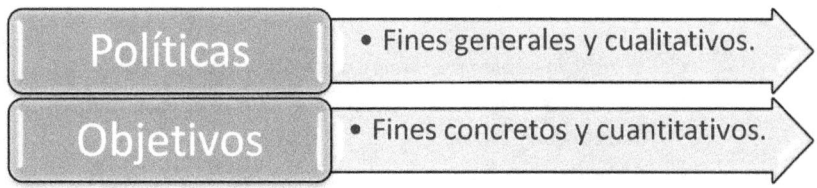

Las políticas son las opciones que tomamos ante los problemas, de los cuales existen tres tipos:

- De posicionamiento.
- De ventas.
- De rentabilidad.

Las características principales de los objetivos son:

- Fines concretos para un determinado periodo de tiempo.
- Apoyados desde la dirección y por los implicados.
- Claros de entender, medir y controlar.
- Deben ser flexibles, para adaptarse al paso del tiempo.
- El coste de si implantación debe ser menor que el del resultado.

Los objetivos afectarán a todos los miembros de la organización. Se fijarán mediante la colaboración de todos con los canales de comunicación bidireccional y se negociarán entre las partes.

El *"Benchmarking"* es la técnica utilizada para establecer los objetivos. Consiste en intercambiar la información respecto aquello que cada uno hace mejor, reduciendo así sus puntos débiles. Suelen ser reacios a transmitir su saber hacer y suele intervenir una empresa consultora que hace de intermediario.

La estrategia:

Las estrategias empresariales son la respuesta a las amenazas y oportunidades externas y las fortalezas y debilidades internas, visionando al destinatario (*el consumidor*).

Existen tres niveles:

- *Estrategia corporativa:* afecta a toda la organización.
- *Estrategia funcional:* afecta a los departamentos de producción, finanzas y marketing.
- *Mercado competitivo:* el resultado depende de las acciones y decisiones propias. Se valora la creatividad. Los tipos y ventajas son:
    - Diferenciación del producto.
    - Liderazgo de costes.
    - Liderazgo de un segmento de mercado.

El programa de acción y el presupuesto:

La táctica es el detalle del conjunto de actividades que se deben de desarrollar para alcanzar los objetivos. Su conjunto conforma una estrategia. Se detallan las actividades incluyendo sus fechas.

El presupuesto es el apartado del plan de marketing en el que se cuantifican las acciones previstas, e incluye:

- Una previsión de la cuenta de pérdidas y ganancias.
- El cálculo del punto muerto.
- La especificación de las inversiones necesarias.

Para la previsión de la cuenta de pérdidas y ganancias se una recta de regresión, para determinar valores de estimación de las venta, creando una hipótesis con escenarios pesimistas y optimistas.

La previsión de ventas es la estimación de las ventas para un producto o línea. Para los productos nuevos se suele usar la recta de regresión ($y = a + b \cdot x$).

La cuota de mercado se determina mediante la siguiente fórmula:

$$cuota\ de\ mercado = \frac{ventas\ de\ la\ empresa \cdot 100}{ventas\ de\ todo\ el\ mercado}$$

3º La investigación comercial:

Conceptos básicos:

Se trata de la recogida de datos e información relevante para su posterior análisis, el cual se utilizará para resolver un problema concreto de marketing con el que se enfrentará la empresa.

Existen dos tipos de investigación de mercado:

- *Investigación básica:* son los datos obtenidos relacionados con los aspectos relacionados con los consumidores.
- *Investigación aplicada:* se busca dar solución a las cuestiones concretas.

Tipos de estudios:

- *Exploratorio:* es de carácter introductorio. Permite profundizar en el conocimiento del problema o los objetivos. Busca ideas y variables relevantes.
- *Descriptivo:* estudia el estado de los mercados. Busca la relación entre las variables o determina la frecuencia con que se produce el hecho.
- *Explicativo:* experimenta y analiza las causas que motivan los hechos observados.
- *Predictivo:* trata de estimar el valor que tendrá una variable en el futuro.

Las escalas que miden las posibles variables:

- *Nominales o de pertenencias:* sirven para determinar si el entrevistado esta en una determinada categoría.
- *Ordinales o de clasificación:* expresan la posición de algún tipo de clase o categoría.
- *Interválicas:* indican una ubicación dentro de un determinado intervalo de valores.
- *Proporcionales:* posee las características anteriores, pero en proporción.

Las técnicas para la obtención de la información:

Existen dos tipos para poder recoger la información primaria externa, estas son:

Técnicas cualitativas:

Proporcionan más información acerca de la personalidad real. Suele ser más costosa que las técnicas cuantitativas. Estas son:

- *La observación.*
- *La experimentación:*
  - *Pruebas ciegas:* no se observa el producto.
  - *Pruebas de envases:* se hacen varios prototipos y se prueba.
  - *Pruebas de publicidad.*
  - *Test de Abelson:* se da un incentivo a los consumidores por dejar el consumir una marca, observándose así la fidelización a las marcas.
- *La creatividad:* se basan en la colaboración de un grupo que opinan y manifiestan sus juicios.
  - *El torbellino de ideas:* formulan ideas para opinar en grupo.
  - *La sinéctica:* busca la creatividad mediante los análisis, esquemas y analogías.
  - *El método Delphi.*
  - *La dinámica de grupo.*
- *La entrevista:* es una conversación que se mantiene con otra u otras personas para intercambiar información, ideas, opiniones o sentimientos. Existen 4 tipos de entrevistas:
  - *Estructurada:* el entrevistador realiza preguntas planteadas previamente.
  - *Semiestructurada:* introduce ciertas preguntas dependiendo del entrevistado.
  - *Libre:* el entrevistador no tiene previamente redactado las preguntas.
  - *En profundidad:* hay un guión, pero no existen preguntas concretas.
- *Técnicas proyectivas:* ante un estímulo neutro, la persona proyecta su personalidad.

Técnicas cuantitativas:

Son las más utilizadas para recoger la información y obtener las conclusiones sobre el total de la población.

- *Las encuestas:* consiste en la realización de una serie de preguntas incluidas en un cuestionario.
    - *La encuesta personal:* son las que se hacen en el domicilio del entrevistado o en su trabajo.
    - *La encuesta en establecimientos:* es cómodo para el control de los entrevistadores y es de poco coste económico.
    - *La encuesta postal:* el nivel de respuesta en bajo, es un método lento, deberá ir con una carta de presentación y permite acceder a cualquier persona.
    - *La encuesta telefónica:* permite gravar las conversaciones.
    - *Encuestas por medios informáticos.*
    - *Las encuestas ómnibus:* son las empresas especializadas que se ocupan de realizar encuestas sobre diversos temas.
    - *Encuestas por paneles:* es una base de datos de tipos de clientes para observar su evolución en el tiempo. Los integrantes perciben una remuneración.

El cuestionario:

Está formado por un conjunto de preguntas y por el registro de las mismas. Sirve para recoger la información interesante.

La elaboración del cuestionario debe tener claro su estructura y las preguntas de él:

- Su estructura:
    - *Encabezamiento:* los datos de la empresa de la investigación.
    - *Introducción:* explica los detalles del motivo de la encuesta.
    - Los datos de identificación del encuestado.

- La organización de las preguntas:
  - Empezar de lo más general a lo más específico.
  - Ir de lo más fácil a lo más difícil.
  - Que el orden de las preguntas no afecte al resultado.
  - Preguntas agrupadas de forma homogénea.
- Las preguntas:
  - Deben ser concretas y cortas.
  - No deben incorporar opiniones ni valoraciones.
  - Fáciles de entender y de responder.
  - Las justas para evitar el mayor coste.
  - Adecuadas al objetivo de la investigación.

La clasificación de las preguntas:

- Según la libertad de la respuesta:
  - *Abiertas:* preguntas que no tienen respuestas concretas.
  - *Cerradas:* las preguntas que te dan a elegir entre una o varias respuestas.
  - *Semi-cerradas:* suelen ser preguntas cerradas con una alternativa abierta.
- Por el número de respuestas:
  - *Dicotómicas:* dos posibles repuestas excluyentes.
  - *Multicotómicas:* se elige entre varias respuestas predefinidas y excluyentes entre sí.
  - *Respuestas múltiples:* varias respuestas a elegir.
- Por la finalidad de la pregunta:
  - *Introductorias:* buscan la atención para su realización.
  - *De filtro:* preguntas cerradas cuya respuesta lleva a otra.
  - *De recuerdo:* pretende medir la capacidad de retención.
  - *De control:* busca verificar las respuestas para asegurarse de que se dice la verdad.
  - *En batería:* una serie de preguntas sobre el mismo tema.

El muestreo:

Es la técnica mediante la cual se extrae una muestra de una población determinada. El muestreo puede ser probabilístico o no probabilístico:

- *Probabilístico:* tienen la misma probabilidad de ser incluidos en la muestra. Los resultados son extrapolables al conjunto de la población.
- *No probabilístico:* no cumplen esta condición. Se usan como orientación en casos de poblaciones muy pequeñas.

A mayor tamaño de la muestra, mayor precisión, pero mayor coste. Para determinar el tamaño de la muestra aplicamos la siguientes fórmulas.

Para una población menor de 100.000 habitantes:

$$n = \frac{(k^2 \cdot P \cdot Q \cdot N)}{(E^2(N-1) + K^2 \cdot P \cdot Q)}$$

Para una población mayor de 100.000 habitantes o infinita:

$$n = \frac{K^2 \cdot P \cdot Q}{E^2}$$

La leyenda:

- *n:* es el tamaño de la muestra.
- *E:* el error muestral en %.
- *K:* es el nivel de confianza.
    - *K=1, confianza 68,3%.*
    - *K=2, confianza 95,5%.*
    - *K=3, confianza 98,8%.*

4º El producto:

Las decisiones del marketing:

Estas se toman mediante la combinación estratégica que la empresa hace con las cuatro variables controlables (producto, precio, comunicación y distribución).

El marketing implica tomar decisiones de dirección empresarial, cuyo responsable optará por las más idóneas para alcanzar los fines propuestos. Su ordenación es:

- *El marketing estratégico:* se toman decisiones sobre el público, segmentación y posicionamiento.
- *El marketing operativo:* afecta a las variables controlables (las 4 P).
- *El marketing relacional:* busca integrar al cliente en todas las funciones de la empresa, llamadas las 4 C (cliente, coste, comunicación y comodidad).

El producto y sus atributos:

El producto es el nexo entre la empresa y los consumidores, siendo todo aquello que puede ofrecerse en un mercado y que es capaz de satisfacer un deseo o una necesidad.

Los atributos del producto se pueden contemplar en tres perspectivas:

- *El producto central:* los beneficios del uso.
- *El producto actual:* los atributos que lo diferencian de los demás.
- *El producto aumentado:* son los atributos que incrementan su valor.

La línea y la gama de productos:

Es el conjunto de productos que tienen al menos una característica en común, como puede ser la marca. El conjunto de productos o líneas de productos constituyen la gama de productos de la empresa.

Las líneas de productos por colores:

- *Línea blanca:* los de consumo duradero que eran blancos (lavadoras, secadoras).
- *Línea marrón:* los productos duraderos con color parecido al marrón (hornos, TV).
- *Línea amarilla:* son los productos de consumo de compra esporádica y un alto valor.
- *Línea roja:* consumo de venta rápida (alimentos).
- *Línea naranja:* consumo que se cambian con una determinada frecuencia (la ropa, la moda).

La clasificación de los productos:

Por su naturaleza:

- Tangible.
- Intangible.

Por su destino:

- De consumo.
- Industriales u organizacionales.

Por el motivo de compra:

- Productos de tipo racional.
- Productos de compra emocional.

Por la relación con otros productos:

- Sustitutivos.
- Complementarios.
- Independientes.

La marca del producto:

Es el nombre, término, símbolo, diseño y sonido o la combinación de estos que nos sirve para identificar un producto y distinguirlo de los demás.

Existen algunos tipos de marca:

- Las marcas del fabricante.
- Las marcas de los distribuidores.
- La marca vertical: este vende los productos con su propia marca e incluye una gama exclusiva.

Requisitos de las marcas:

- Ha de ser atractiva para el consumidor.
- Memorizable, pronunciable y agradable al oído.
- Descriptiva.
- Relevante.
- Flexible.
- Duradera.
- Registrable.

El envase y la etiqueta:

Las funciones principales del envase son:

- Proteger el producto.
- Promoción del producto, siendo un instrumento de comunicación.
- Forma.

- Tamaño.

Existen varios tipos de envases:

- *Primarios*: son el contenedor inmediato del producto.
- *Secundarios:* son los que protegen el envase primario.
- *Terciario:* son los envases que sirven para transportar.

A veces el continente (el envase) es más caro que el propio contenido. El envase es la unidad de venta y el embalaje la unidad que transporta.

La etiqueta es un instrumento de comunicación. Dependiendo del tipo de producto y del lugar de venta, tendremos que adecuar la etiqueta a la legislación que le afecte.

El ciclo de vida de un producto:

El análisis del ciclo de vida de un producto busca comparar su evolución, según su cifra de ventas y beneficios a través del tiempo. En ella distinguimos 4 fases:

- *Introducción:* su beneficio será negativo, puesto que la promoción es alta y las ventas son escasas.
- *Crecimiento:* se empieza a obtener beneficios y se incrementa la competencia. Se invierte para adecuar el producto y se busca la fidelización.
- *Madurez:* las ventas alcanzan su nivel máximo, la competencia es alta y los precios más bajos, por lo tanto su beneficio también. Busca nuevos mercados para mantener las ventas y abaratar el proceso.
- *Declive:* el volumen de ventas, el beneficio, la competencia y los gastos de publicidad descienden desorbitadamente. Se busca relanzar el producto o retirarlo del mercado.

Cada producto tendrá una evolución diferente. Este método nos permite aplicar estrategias diferenciadas según la etapa.

El análisis de la gama de productos:

Son los análisis que se hacen sistemáticamente y periódicamente se su gama actual de productos. Las técnicas utilizadas son el método ABC y el BCG.

ABC:

Clasifica los productos de la empresa en tres categorías:

- *A:* son aquellos productos que siendo entre el 10% y el 20% de las unidades del almacén, corresponden al 80% del valor total.
- *B:* son aquellos productos que siendo entre el 30% y el 50% de las unidades del almacén, corresponden al 15% del valor total.
- *C:* son aquellos productos que siendo el 50% de las unidades del almacén, corresponden al 5% del valor total.

Esto nos permite reducir los costes de gestión de control de los inventarios.

BCG:

Se pretende mejorar el reparto de los recursos entre los productos que ofrezcan una combinación más rentable a medio y largo plazo. El mercado al que nos referimos es un segmento y la participación relativa del mercado es la cuota de mercado propia en comparación con la del mayor competidor. Esta será alta cuando seamos líderes del segmento y baja cuando no ocurra esto.

$$Participación\ relativa = \frac{C.\ M.\ propia}{C.\ M.\ principal\ competidor}$$

la tasa de crecimiento del mercado lo fijamos en un 6%. La cartera tendrá que ser equilibrada y para ello tendremos que tener:

- Varios productos vaca, ya que nos aportarán liquidez.
- Las incógnitas debemos convertirlas en estrella.
- Algún producto estrella para hacerlos vaca.

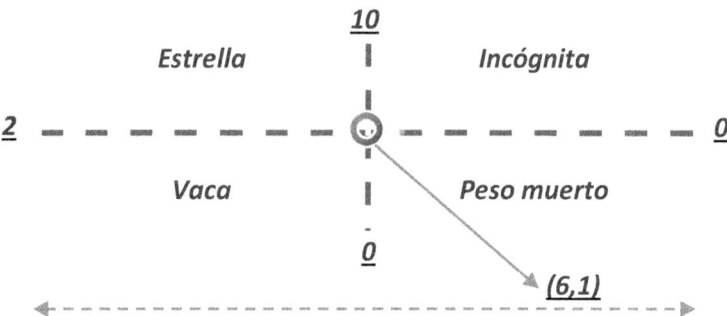

El eje vertical será la tasa de crecimiento del mercado y el eje horizontal será la participación relativa. Dependiendo si esta en el lado negativo o en el lado positivo podremos saber el tipo de producto que es y aplicar las estrategias de marketing necesarias.

Diferentes estrategias:

- *Reactivas o de anti-acción:* suponen que la empresa hará lo que hacen los demás.
- *Proactiva o a favor de la acción*: se basara en el I+D.

5º El precio:

Conceptos básicos:

El precio es la única variable que proporciona ingresos mediante las ventas. Es la contraprestación por el producto o servicio. Para el cliente el precio no es relevante, sino el coste que tiene para él su adquisición.

$$Coste = precio + coste\ de\ cambio + coste\ de\ propiedad$$

En el precio influirá:

- El volumen de venta.
- La rentabilidad.
- La imagen de la empresa (el posicionamiento).

Existen varios métodos para poder fijar los precios, partiendo de que el precio varía en un intervalo de entre el coste y la demanda. La fijación lo marca la empresa.

Los precios pueden ser diferentes según el segmento del mercado y la fases del ciclo de vida:

- *Introducción:* precios altos por imagen.
- *Crecimiento:* comienza a disminuir el precio.

Los precios se pueden fijar por:

- Los costes.
- La demanda.
- La competencia.
- Otras variables (la legislación, los objetivos, etc.).

Los costes:

Los costes nos permiten determinar si los productos son rentables o no. Para ello emplearemos la siguiente fórmula:

$$Costes\ totales = Costes\ fijos + Costes\ variables$$

Los costes se pueden clasificar de la siguiente manera:

- Según la naturaleza de los factores de producción.
- Según la certeza de la imputación.
    - *Los costes directos:* se imputan con certeza a un producto.
    - *Los costes indirectos:* no están relacionados con el producto, pero afectan al conjunto.
- Según se relación con el volumen de producción.
    - *Coste total:* es el valor monetario de los factores consumidos en la obtención de una determinada cantidad de producto.
    - *Coste medio:* es el resultado de dividir el coste total entre el número de unidades de producción.
    - *Coste marginal:* es la variación generada en el coste total al aumentar la producción en una unidad.
    - *El coste incremental:* es el coste medio correspondiente a un determinado incremento de la producción.
- Según su relación con el volumen de ventas.
    - Coste fijo.
    - Coste variable.
- En función del plazo.
    - *A corto plazo:* la empresa no los puede alterar.
    - *A largo plazo:* son los que pueden variarse en un periodo de tiempo corto.

Cuando tenemos más de un producto, para la imputación de los costes aplicaremos métodos de reparto.

Método de coste directo:

Se imputará a los productos sólo los costes directos y de ahí, e obtendrá el margen de contribución de cada producto.

Método de coste completo:

En este caso se imputan todos los costes al análisis, dando un resultado por producto. El resultado de los costes indirectos, se usara en función del volumen de ventas.

La fijación de precios basados en costes:

Existen tres tipos para fijar los precios en función del mercado.

Cálculo según costes estándar:

Fijaremos el precio basándonos en la información que aporta la contabilidad.

$$Precio = Coste\ variable + Coste\ fijo + Beneficio$$

Cálculo según costes más beneficios:

Se fijara el precio basándose en que el cliente acepta que el precio se fije una vez obtenido el producto.

Cálculo según los costes de marginales:

Se fija un precio de venta que iguale el coste de producción marginal. Un precio inferior supondría que la empresa perdiese dinero con la venta.

La fijación de precios basados en la demanda:

Estos precios se basan en el análisis de la demanda, aportando el valor percibido por el cliente. El precio máximo lo fija el consumidor, que no comparará el producto si este es un precio más alto. Solo perciben si es adecuado o inadecuado.

El precio adecuado se determina según el cliente por:

- La valoración del cliente al precio justo.
- La determinación por segmentos o clases.
- La estrategia de introducción en el mercado.
- Los precios psicológicos.

La fijación de precios basados en la competencia:

Los precios se fijarán a partir del mercado. Si el precio es más alto implicará mayor calidad o ser el líder del mercado, si el recio es más bajo implicará menor calidad.

Para este tipo de método existen diferentes estrategias.

- *Líder de mercado:* fijaremos los mismos por encima de la media, vigilando a la competencia.
- *Retador:* es el que atiende a un hueco de mercado. Suele ser muy especializado e ignorado por los demás.
- *Fijar los precios a partir de la competencia.*

La estrategia de los precios:

No se debe fijar precios solo en función de un criterio. Podemos fijarlos en función de:

- Los factores internos.
- Los factores externos.

En el cual la empresa usará un intervalo para fijar los mismos entre el precio mínimo y el precio máximo.

6º La distribución:

La distribución es una variable controlable de carácter estratégico que permite al comprador tener un fácil acceso al producto en el momento necesario. De esta manera, la distribución relaciona al productor con el comprador.

La logística incluye las funciones de aprovisionamiento o de almacenamiento.

Las funciones de la distribución:

- El transporte de los productos del productor al consumidor.
- La adaptación del tamaño del producto a las necesidades del consumidor (de embalajes pasa a envases).
- El almacenamiento, permitiendo una ventaja competitiva y la mejora de resultados, ya que la producción y el consumo se dan con ritmos diferentes.
- Sirve de financiación, si el distribuidor paga sus compras a los fabricantes con varios meses de plazo, con el tiempo suficiente como para vender el producto y conseguir la liquidez necesaria.
- Reducción del número de transacciones, puesto que incrementa los costes.
- Contacto directo con el público objetivo, permitiendo obtener la información necesaria para orientar las acciones de marketing.
- Permite ofrecer diversos servicios, como el producto a domicilio, el suministro de repuestos, instalaciones, reparaciones, etc.

Los canales de la distribución:

Es una estructura de entidades independientes cuyo objetivo es permitir el acceso de los clientes a los productos y servicios de la empresa fabricante. Se considera bidireccional puesto que va del fabricante al consumidor y del consumidor al fabricante, llamando a este ultimo canal inverso.

Los canales de distribución pueden ser:

- *Directos:* el fabricante vende directamente sus productos al consumidor.
- *Indirectos:* el producto llega al comprador a través de los intermediarios.

Los intermediarios:

Estos tienen una función vendedora para los fabricantes y otra de compra para los consumidores. Los intermediarios actúan por cuenta propia asumiendo los riesgos inherentes de la actividad (mayoristas y minoristas). Otros compran y venden sin tomar posición propia, cobrando una comisión.

Los mayoristas:

Estos no venden al consumidor final, sino que lo hacen a otros minoristas o mayoristas. Existente diferentes tipos de mayoristas, estos son:

- Mayoristas de origen: son los mayoristas más próximos a los productores.
- Mayoristas de destino: son aquellos que actúan cerca de los compradores finales.

Los minoristas:

Son los intermediarios que venden sus productos al consumidor final, estos se pueden clasificar de la siguiente manera.

- *Por la naturaleza de los productos que vende:* frutería, pescadería…
- *Por su vinculación con otros minoristas:* cadenas, economatos, independientes.
- *Por su localización:* centros comerciales, mercados, galerías.
- *Por su forma de venta:*

- *Venta tradicional:* son los establecimientos con mostrador en los que la venta se hace mediante dependiente.
- *Venta de autoservicio*: es una forma de venta más productiva que la tradicional.
- *Venta sin tienda:* se trata de una venta por correspondencia, por catálogo o internet.

La ley de comercio regula cuatro aspectos:

- Los establecimientos de grandes superficies requerirá una licencia municipal y otra autonómica con un informe preventivo del Tribunal de Defensa de la Competencia.
- Ordenación de la oferta comercial y otra de la promoción de ventas.
- Ventas especiales (a distancia, ambulante).
- Infracciones y sanciones.

La ley Orgánica regula los horarios comerciales con criterio de libertad comercial y dependiendo de las directrices que marquen las Comunidades Autónomas.

La selección del canal de distribución:

Consiste en elegir la opción más adecuada entre las distintas alternativas de distribución posible, canal único o múltiple, directo o indirecto.

Esta elección se hará pensando en la satisfacción del cliente y dependerá de factores como:

- *Las características del producto:* durabilidad, fase del ciclo de vida, etc.
- *Las características del mercado*: el número y distribución de los consumidores, el volumen de pedido, el valor y la frecuencia de los encargos, etc.
- *Las características de la empresa:* la capacidad financiera, su notoriedad, el nivel de control, los objetivos de marketing, etc.

- *Otros factores:* la legislación, las infraestructuras disponibles vías y medios de comunicación disponibles), etc.

7º La comunicación:

La comunicación es una herramienta estratégica que nos da posición en el mercado. Puede que no sea la clave del éxito, pero sí que forma parte de él. Esta nos dará la posibilidad de diferenciarnos del resto, permitiendo crear en el consumidor la necesidad de que adquiera nuestro producto.

Esta estrategia se puede llevar a cabo mediante las herramientas que nos ofrece el marketing, con un elemento común:

- El mensaje que queremos transmitir al mercado.
- La posición en el mercado.
- La diferenciación de la competencia.

Los elementos de la comunicación:

Su finalidad es culminar con éxito de una venta, conociendo las necesidades de los clientes. Estos son:

- *Emisor:* es la persona que abre el proceso, coincidiendo habitualmente con la figura del vendedor. Este debe tener en cuenta los siguientes aspectos:
  - Que su contenido sea comunicable.
  - Que pueda interesar al receptor.
  - Que el lenguaje se adapte al mismo del receptor.
  - Que la ocasión sea la más propicia.
- *Receptor:* es el destinatario del mensaje, coincidiendo con la figura del cliente.
- *Contenido:* es el mensaje que se quiere transmitir.
- *Código:* son las distintas formas y estilos que tiene el emisor de transmitir el mensaje.
- *Canal de transmisión*: es el medio por el cual se canaliza mensaje codificado.
- *Feedback:* es la variable que va a medir la efectividad de mi proceso de comunicación, siendo un canal bidireccional.

La comunicación puede ser verbal o no verbal. Se ha de evitar la aparición de algunas interferencias que deforman el mensaje, disminuyendo la eficacia de la comunicación. Los más habituales son:

- La percepción del receptor.
- El rol y el status.
- Los sentimientos.
- Los rasgos de la personalidad.
- El conocimiento.
- El negativismo.

Habilidades sociales y protocolo comercial:

En todas las negociaciones se debe ser hábil en la exposición y el comportamiento para el éxito de la venta.

La comunicación verbal:

Se refiere al tipo de lenguaje que debemos utilizar. Con el uso de las palabras, no siempre decimos lo que queremos o hayan cosas que no nos interese decir. Los principios básicos para que nuestro lenguaje sea aceptado son:

- Claro, preciso y sencillo.
- Grafico y descriptivo.
- Dinámico, sin demostrar una expresión de vacilación.
- Positivo, sin expresiones que evoquen ideas negativas.
- No ser redundante.
- Adaptarse al tipo de lenguaje que usa el interlocutor.
- Evitar la falsa confianza y la falsa humildad.

La comunicación no verbal:

Es aquel lenguaje que surge de nuestro cuerpo y que no depende de las palabras que decimos. Estos elementos son:

- *La mirada:* se considera el lenguaje más difícil de manipular. Cuando una persona está escuchando, mira a los ojos, para

evitar que se sienta no escuchado, pero tampoco llegar a incomodar.
- *Los gestos de la cara:* estos permiten leer los estados de ánimo de una persona. Por ejemplo, ver una sonrisa no quita seriedad, pero si provoca relajación y mayor fluidez en la comunicación.
- *Las manos:* transmiten nuestro nerviosismo, llevar un objeto en las manos no lo disimula, todo los contrario.
- *La postura:* si nuestro cuerpo esta relajado, provocaremos la misma sensación.
- *La ropa de vestir:* jamás debe llamar la atención más que el producto.
- *La voz:* el tono de voz refleja el estado de ánimo, evitando la monotonía y el desinterés. Esta debe reflejar:
    o Cortesía.
    o Amabilidad.
    o Interés.
    o Confianza.

La planificación y realización de una campaña:

La fijación de objetivos:

Con los objetivos se podrá establecer una campaña acorde a las necesidades que se quieran quedar cubiertas. Se pueden establecer cuatro tipos de publicidad según los objetivos marcados:

- *Publicidad informativa:* su misión es informar, dando a conocer los nuevos productos y servicios.
- *Publicidad persuasiva:* su finalidad es crear una demanda selectiva, decantando a los usuarios por nuestra marca a través de las características y el valor añadido de los productos y servicios.
- *Publicidad de recordatorio:* su finalidad es la de recordad a los consumidores un producto que ya existe.
- *Publicidad de refuerzo:* su finalidad es la de dejar al cliente completada su satisfacción del producto adquirido.

La realización del Briefing:

Es un documento básico de trabajo que realiza el director del departamento, en el que quedan reflejados aquellos elementos del plan de marketing, el cual se entregará a la agencia.

El cliente debe dejar muy claro a la agencia cuáles son sus objetivos, estrategias y las necesidades de la compañía. El Briefing está compuesto por los siguientes elementos:

- Definición del público objetivo.
- La definición del producto.
- Características y condiciones del mercado potencial.
- Su entorno competitivo.
- Los datos de la empresa.
- La indicación de los canales de comercialización.
- Los objetivos que se desean conseguir.
- Datos orientativos acerca del presupuesto.

Se establecerán los medios por el que vamos a llegar al público objetivo de la forma más rentable y eficaz para la compañía. El mensaje central se adaptará a cada uno de los medios según los diferentes formatos y audiencias.

Se hará un seguimiento puntual de los tiempos y trabajos realizados, evitando sorpresas desagradables. El resultado de una campaña se mide por cifra de ventas, si esta incrementa, la campaña habrá sido un éxito.

Las agencias de publicidad:

Son las personas físicas o jurídicas que se dedican profesionalmente y de manera organizada a crear, preparar, programar y ejecutar la publicidad por cuenta de un anunciante. A continuación se detallan algunas variedades:

- *Agencias de servicios plenos:* son las que ofrecen al cliente una asistencia completa.

- *Agencia de publicidad general:* son las que se dedican a vender creatividad, subcontratando el resto de servicios.
- *Centrales de compras:* su objetivo es canalizar la publicidad dirigida a los medios.
- *Agencias exclusivas:* su dedicación está centrada en la contratación de espacios publicitarios en exclusiva para los medios que trabaja.
- *Agencias internas:* son aquellas creadas por los grandes anunciantes, a los que resulta más rentable tener su propia agencia.

Los medios:

La televisión:

Se considera el soporte rey. Su único obstáculo radica en que exige una gran inversión de capital. Si se provoca un grado de saturación, perjudicará a los anunciantes, ya que los espectadores tendrán dos reacciones, el zapping o el efecto bosque (apagar el televisión tras el aburrimiento).

Las formas de rentabilizar sus inversiones son:

- *El patrocinio de programas:* se trata de permanecer en un lugar estratégico en la emisión del programa.
- *El bartering:* una empresa diseña el programa, el cual introducirá su publicidad.
- *El emplazamiento de productos:* consiste en insertar estratégicamente los productos comerciales en secuencia de una película o de una serie.

Prensa diaria:

Es un soporte excelente para llegar a un amplio target. Se debe tener en cuenta a la hora de contratar una cuña en un medio u otro, ya que una parte de la audiencia es fiel al locutor del programa, en vez de a la emisora.

Las revistas:

Las fluctuaciones que existen en las tiradas y sectores hacen muy difícil predecir hacia donde debemos dirigir las inversiones publicitarias.

El cine:

Se ha convertido en una excelente plataforma para hacer publicidad con una gran afluencia de juventud. Su eficacia se debe a la calidad de las proyecciones, a la atención del público, puesto que no se pueden mover de la butaca y a su escasa saturación.

La publicidad exterior:

Es un medio publicitario con entidad propia, siendo una serie de soportes que lo hacen válidos a la hora de dar a conocer el mensaje. Se pueden destacar los siguientes:

- Publicidad en vallas.
- Publicidad en transportes públicos.
- Publicidad móvil o semimóvil.
- Publicidad aérea.
- Publicidad en recintos deportivos.

Su rentabilidad es muy variable. Su principal característica es evitar que el mensaje quede mezclado con su soporte dentro del paisaje urbano.

Sistemas de control:

Las campañas de publicidad deben tener en cuenta el número y tipo de personas que deseamos impactar. Los principales medios para conseguir dicha información son los siguientes:

- OJD (oficina de justificación y difusión publicitaria).
- EGM (estudio general de medios).
- *Sofres:* una empresa que se encarga de facilitar información de audiencia.
- Geomex.

Imagen, relaciones públicas y campaña de comunicación:

La publicidad trata de hacer llegar al mercado la imagen que queremos que se tenga de nuestra empresa, el cual marcará el éxito o el fracaso. El plan de comunicación transmitirá dicha imagen y sus principales elementos son:

- La definición de la identidad corporativa.
- La imagen que el mercado percibe hoy de nuestra empresa.
- La imagen ideal de la empresa.

El plan de comunicación contiene tres grandes aéreas:

- La definición de los objetivos de la comunicación para transformar la imagen actual de la empresa.
- La definición de la estrategia de medios y de mensajes que adapten los objetivos definidos.
- La definición de un calendario de actuación y la evaluación de sus costes.

Las relaciones públicas tratan de crear y mantener unas relaciones sociales fluidas y dinámicas entre su compañía y los grupos sociales a impactar, buscando de esta manera maximizar la aceptación social.

Las principales funciones de las relaciones públicas son:

- Apoyar y reforzar la labor de los departamentos de marketing y venta de la compañía.
- Preparar y supervisas las acciones puntuales de promoción y marketing de los productos o servicios.
- Mantener un clima favorable hacia los productos y servicios.
- Conseguir que ningún problema altere o perjudique la imagen de la empresa.

Las campañas de comunicación son el conjunto de mensajes e informes que elabora el gabinete de prensa, los cuales hará llegar a los medios. Sus principales funciones son:

- Elaborar la información que produce la empresa filtrada y transmitida a los medios de comunicación.
- Recepción y análisis de toda la información producida de los medios de comunicación.
- Intermediación constante entre la empresa y los medios de comunicación.
- Control constante de las opiniones que existe de la empresa.

El patrocinio:

Las acciones de patrocinio se centran en productos tangibles, satisfaciendo un rendimiento comercial y de imagen. La rentabilidad dependerá del acierto en la elección del evento y del público al que vaya dirigido.

La promoción:

Son las técnicas necesarias para alcanzar unos objetivos específicos a través de estímulos y acciones limitadas en el tiempo y dirigidas a un target determinado. Su principal objetivo es ofrece al consumidor un incentivo para la compra. Es una alternativa o complemento a la publicidad, buscando mantener e incrementar las ventas de una empresa. Sus principales argumentos son los regalos y descuentos.

Esta actividad promocional se puede desarrollar en cualquier canal de distribución y dentro de cualquier sector.

Algunos de sus objetivos son:

- Incrementar las ventas.
- Crear una fidelización al producto o servicio.
- Introducir nuevos productos.
- Mejorar la imagen.

- Aumentar la distribución.

Las técnicas más habituales son:

- Concursos de programas de televisión.
- Oferta de lotes de productos.
- Premios directos.
- Sorteos y ferias.
- Merchandising.

8º La venta y la atención al cliente:

Conociendo a los clientes al cual nos dirigimos usaremos la venta directa o el marketing directo.

- *Venta directa:* se debe motivar y centrar al personal hacia las ventas a largo plazo, siendo un proceso de comunicación bidireccional entre el cliente y el comercial.
- *Marketing directo:* es un sistema de comunicación comercial, por el que trata de obtener una respuesta inmediata del cliente. Su principal objetivo es ganar confianza con el cliente para una posterior fidelización.

Los tres pilares del marketing directo son:

- *La oferta:* integrada por el producto y el incentivo, dando un valor añadido por un tiempo limitado.
- *El medio publicitario*: ira en función de los costes previstos y los destinatarios a los que nos dirigimos.
- *La presentación creativa:* esta trata de maximizar las ventas.

Ambos aportan un valor añadido a la empresa.

El vendedor:

Debe poseer conocimientos especializados, saber aplicar dichos conocimientos profesionales en una situación concreta y estar dispuesto al compromiso profesional.

Su principal objetivo es comunicar su interés por el cliente, haciendo que se sienta valorado. Debe mostrar credibilidad y afinidad, transmitiendo veracidad en sus palabras y actos, y buscando vínculos usando la inteligencia emocional. Los aspectos de la inteligencia emocional son:

- Autoconocimiento.
- Autorregulación, manteniendo bajo control los impulsos y las emociones.

- Motivación.
- Empatía sobre el cliente.
- Habilidades sociales, sabiendo escuchar, convencer y persuadir.

Los vendedores se clasifican:

- *Según sus funciones:*
    o Vendedor de mostrador.
    o Repartidor.
    o Tomador externo de pedidos.
    o Captador.
    o Promotor de ventas.
    o Técnico de ventas.
    o Visitador.
- *Según su vinculación con la empresa:*
    o Vendedor de plantilla.
    o Representante.
    o Agente comercial.

El trato con el cliente:

La venta debe ser persuasiva, siendo una comunicación voluntaria y positiva que tiene por finalidad ayudar al cliente a satisfacer sus necesidades, consiguiendo una relación entre sus deseos y el producto.

Se debe comunicar, realizando un contacto mediante el lenguaje corporal, el tono de voz y las palabras, en la cual, también implica escuchar al cliente.

Se deben evitar los prejuicios, cambiándolos por emisiones positivas, siguiendo las siguientes pautas:

1. Saber que se va a decir y como.
2. Adaptar el mensaje al nivel del interlocutor.
3. Ir de los más general a los más específico.

El proceso de venta:

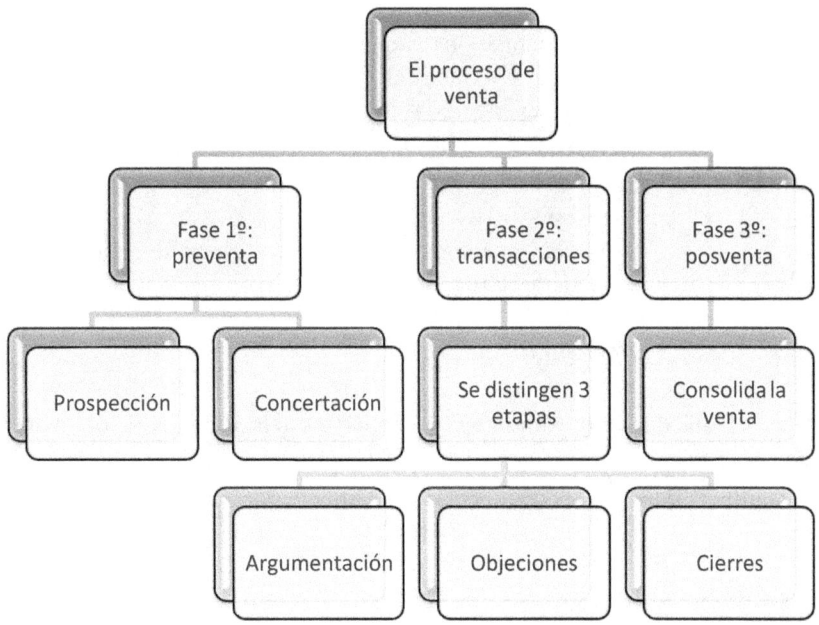

Fase 1º, preventa:

La prospección trata de una búsqueda continua de los clientes potenciales. Sus principales vías son:

- Prospección directa (a la puerta fría).
- Prospección mediante las relaciones personales.
- Prospección mediante segmentación de mercado.
- Prospección mediante referencias.

La concertación trata de conseguir una entrevista con el cliente mediante la prospección.

Fase 2º, transacciones:

Se distinguen tres etapas:

- La argumentación: es el proceso de preguntas y respuestas que debe conducir al cierre de la venta. Su principal objetivo es lograr la confianza del cliente, argumentando los diferentes atributos.
- Las objeciones: son los inconvenientes expuestos por el cliente al vendedor.
- El cierre: una vez resueltas las objeciones, propone el cierre para conseguir la venta.

Fase 3º, posventa:

Trata de crear, ampliar y gestionar las relaciones con los clientes tras la venta.

La política de servicio:

Busca la diferenciación de sus competidores para obtener un posicionamiento en el mercado, dando un valor añadido a sus productos o servicios. Obteniendo:

- *Una ventaja competitiva:* el cliente percibe que le proporcionamos una satisfacción mayor que la competencia.
- *Fidelidad:* actuamos correctamente desde el punto de vista del cliente.

Sus principales objetivos con dicha implantación son:

- Aumentar el compromiso de sus clientes.
- Proyectar una mejora de imagen.
- Captar nuevos clientes para aumentar la cuota de mercado.
- Ahorrar en gastos de marketing.
- Fijar precios más altos.

El programa de servicios:

Se realiza un programa de servicio, el cual debe contener:

- La evaluación de la satisfacción de los clientes.
- La gestión de las percepciones de los clientes.
- Definir las normas y estándares de calidad.
- Conocer a la competencia.
- Control de la actuación de los proveedores.

La evaluación de la satisfacción de los clientes:

Es el estudio que deberá responder a que dan la importancia los clientes y por ello definiremos los siguientes aspectos:

- Los criterios que influyan en la elección de nuestra empresa.
- La importancia que los clientes dan a cada uno de nuestros criterios.
- La medida de cómo los clientes perciben el producto global que ofrece la empresa.

La gestión de las percepciones de los clientes:

El nivel de las expectativas viene determinado por:

- Las actividades de comunicación masiva o personalizada de la empresa.
- La experiencia personal del cliente con la empresa y con la competencia.

La comparación del cliente de lo que espera y lo que recibe puede ser:

- *Satisfactorio:* el cliente recibe lo mismo de los esperado.
- *Insatisfactorio:* el cliente recibe menos de los esperado.
- *Satisfacción total:* el cliente recibe más de los esperado.

La satisfacción del cliente implica gestionar la prestación y las expectativas, los cuales defienden la calidad, considerado que producto que cumple sus expectativas, aportando una rentabilidad.

Las diez expectativas claves son:

- Fiabilidad.
- Capacidad de reacción.
- Profesionalidad.
- Accesibilidad.
- Cortesía.
- Credibilidad.
- Seguridad.
- Comunicación.
- Comprensión del cliente.
- Elementos tangibles.

Para estar orientado al cliente:

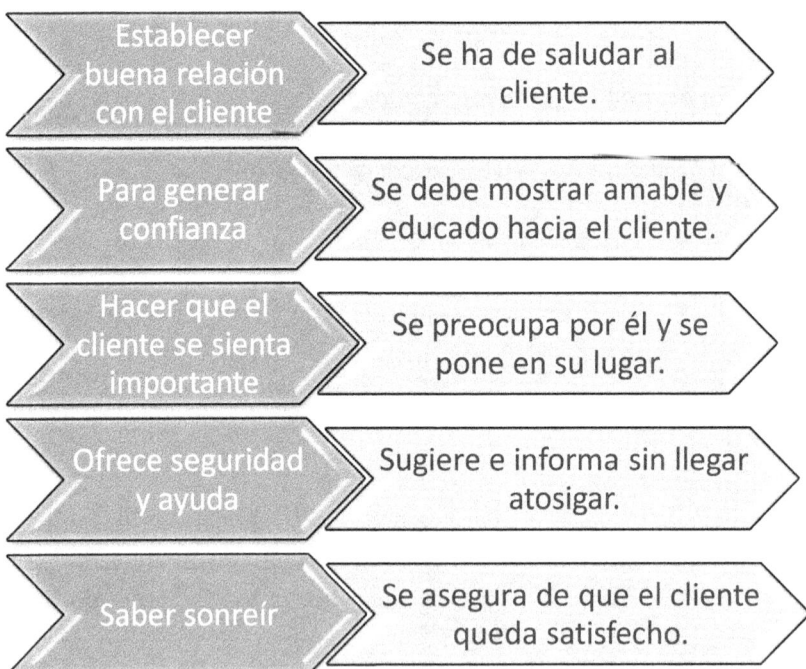

Establecer buena relación con el cliente	Se ha de saludar al cliente.
Para generar confianza	Se debe mostrar amable y educado hacia el cliente.
Hacer que el cliente se sienta importante	Se preocupa por él y se pone en su lugar.
Ofrece seguridad y ayuda	Sugiere e informa sin llegar atosigar.
Saber sonreír	Se asegura de que el cliente queda satisfecho.

Definición de las normas y estándares de la calidad:

Son las directrices a seguir que definan lo que se espera de cada una de ellas. La calidad de una empresa se mide en función de su eficacia a la hora de satisfacer la necesidades de sus clientes.

Sus principios fundamentales son:

- La responsabilidad de los trabajadores.
- Escuchar al cliente y ajustarse en función de su necesidades.

Conocimientos de la competencia:

La satisfacción de los clientes tienen que ver con su percepción de lo que otro proveedores (la competencia) ofrecen. La satisfacción se puede evaluar dependiendo de la actuación de la empresa con el rendimiento de sus principales competidores.

Un programa adecuado de servicio al cliente tiene que incluir actividades benchmarking externo, siendo esta, un proceso continuo para identificar, comparar y aprender las mejores prácticas de otras empresas para aplicarlas en la nuestra.

Control de los proveedores:

La empresa a de comprobar continuamente la calidad del suministro de los proveedores externos, determinando las posibilidades de la empresa para ofrecer un buen servicio.